Perdone y construya puentes

JOHN BEVERE

Perdone y construya puentes
por John Bevere
Publicado por Casa Creación
Una división de Strang Communications Company
600 Rinehart Road
Lake Mary, Florida 32746
www.casacreacion.com

No se autoriza la reproducción de este libro ni de partes del mismo en forma alguna, ni tampoco que sea archivado en un sistema o transmitido de manera alguna ni por ningún medio—electrónico, mecánico, fotocopia, grabación u otro—sin permiso previo escrito de la casa editora, con excepción de lo provisto por las leyes de derechos de autor de los Estados Unidos de Norteamérica.

A menos que se indique lo contrario, todos los textos bíblicos han sido tomados de la Versión Reina-Valera de 1960.

Copyright © 2002 por John Bevere
Todos los derechos reservados
Traducido por Andrés Carrodeguas

ISBN: 0-88419-858-8

2 3 4 5 6 7 BP 8 7 6 5 4 3 2 1

Impreso en los Estados Unidos de Norteamérica

Índice

Introducción — 4

1 Aprenda a perdonar — 7

2 Lecciones de un siervo que no quiso perdonar — 19

3 La trampa de la venganza — 35

4 Busque la reconciliación — 55

5 Libere a los demás — 75

Conclusión — 91

Notas — 94

Introducción

El mayor regalo que puede recibir de Dios una persona es el del perdón de su pecado. Sin el perdón, a disposición de todos por medio del don divino de la salvación en Cristo Jesús, nadie podría escapar a la realidad del infierno a causa del pecado.

En Tito 2:14 se nos dice que Jesús "se dio a sí mismo por nosotros para redimirnos de toda iniquidad y purificar para sí un pueblo propio, celoso de buenas obras". La respuesta de Dios a nuestro pecado es la salvación a través del don de su gracia. Cuando Él perdonó sus pecados –y los míos–, dejó totalmente limpio nuestro expediente. Así nos hallamos, purificados y perdonados ante Él como "pueblo peculiar suyo".

Pero aceptar el perdón de nuestros pecados que nos brinda Dios no es todo. También debemos aprender a perdonar a los demás, tal como Cristo nos ha perdonado a nosotros. La persona que no puede perdonar, ha olvidado lo inmensa que era la deuda que Dios le ha perdonado a ella.

> Por tanto, os digo que todo lo que pidiereis orando, creed que lo recibiréis, y os vendrá. Y cuando estéis orando, perdonad, si tenéis algo contra alguno, para que también vuestro Padre que está en los cielos os perdone a vosotros vuestras ofensas. Porque si vosotros no perdonáis, tampoco vuestro Padre que está en los cielos os perdonará vuestras ofensas.
> – MARCOS 11:24-26

A menos que aprendamos a desprendernos de las ofensas que otros nos hayan hecho en nuestra vida, perdonándolos totalmente y sin condiciones, tal como Cristo nos ha perdonado a nosotros, la Biblia nos dice que "tampoco nuestro Padre que está en los cielos nos perdonará nuestras ofensas".

En este libro veremos más de cerca el perdón a los demás, de manera que podamos construir un puente para atravesar el oscuro y profundo abismo de las ofensas. En algunos casos, aquéllos a quienes perdonemos van a poder cruzar el puente para recibir la salvación que Dios les ofrece. En otros casos, descubriremos que nosotros mismos podemos usar ese puente con el fin de restaurar una relación rota y vivir en el gozo y la paz de la reconciliación.

Cuando comience a leer, pídale al Espíritu Santo que recorra con usted su pasado y le ponga delante a todas las personas contra las cuales usted tiene algo. Pídale que lo capacite para perdonar esas ofensas. Después, lea este libro decidido a actuar: determinado de antemano a usar las herramientas que encuentre en él para construir un puente de reconciliación. Recuerde las palabras de Cristo: "Perdonad, y seréis perdonados" (Lucas 6:37).

Y ahora, siga leyendo para convertirse en un constructor de puentes.

CAPÍTULO 1

Aprenda a perdonar

Me relataron un testimonio poco corriente acerca de un ministro en Filipinas. Unos amigos míos que lo habían conocido en un ministerio anterior me mostraron un artículo donde se contaban sus experiencias.

Aquel hombre se había resistido al llamado de Dios sobre su vida durante varios años, porque tenía éxito en los negocios. Estaba ganando grandes sumas de dinero. Finalmente, su desobediencia tuvo consecuencias, y tuvieron que correr con él para el hospital con un fallo en el corazón.

Murió en la mesa de operaciones y se encontró en las afueras de las puertas del cielo. Jesús estaba allí de pie, y le hablaba acerca de su desobediencia. El hombre le rogó al Señor que le extendiera la vida. Si lo hacía, le prometía que le iba a servir. El Señor aceptó su súplica.

Antes de mandarlo de vuelta a su cuerpo, el Señor le mostró una visión del infierno. Allí vio a la madre de su esposa ardiendo en medio de las llamas.

Se sintió asombrado. Ella había hecho la "oración del pecador", había confesado que era cristiana, y había estado asistiendo a una iglesia. "¿Por qué está en el infierno?", le preguntó al Señor.

El Señor le dijo que se había negado a perdonar a un familiar, y por eso no la había podido perdonar.

Cuando Jesús dijo: "Porque si vosotros no perdonáis, tampoco vuestro Padre que está en los cielos os perdonará vuestras ofensas", estaba hablando en serio (Marcos 11:26). Vivimos en una cultura donde no siempre pensamos cumplir lo que estamos diciendo. Por consiguiente, no creemos que los demás piensen hacerlo tampoco cuando nos hablan. No se toma en serio la palabra de una persona.

Todo comienza en la niñez. Uno de los padres le dice al hijo: "Si haces eso de nuevo, te voy a dar un par de nalgadas". El niño no sólo lo hace de nuevo, sino que lo repite varias veces. Después de cada uno de los episodios, el niño recibe de su padre o madre la misma advertencia. Por lo general, no se toman medidas correctivas. Si finalmente se corrige al niño, se hace de manera más ligera que la prometida, o más fuerte a causa de la frustración del padre o la madre.

Ambas reacciones le envían al niño el mensaje de que sus padres no le están hablando en serio, o de que no siempre lo que ellos dicen es cierto. El niño aprende a pensar que no todo lo que dicen las figuras de autoridad es cierto, así que se siente confundido con respecto a cuándo debe tomar en serio lo que dicen, y si en realidad debe hacerlo. Esta actitud se proyecta a otros aspectos de su vida. Parte de este mismo marco de referencia para conceptuar a sus maestros, amigos, líderes y jefes. Cuando llega a ser adulto, ya ha aceptado esto como normal. Sus conversaciones consisten ahora en promesas y afirmaciones en las que dice cosas que no quiere decir.

Le voy a dar un ejemplo hipotético de una conversación típica. Jim ve a Tom, al que conoce, pero con el que lleva algún tiempo sin hablar. *¡No! No puedo creer que me haya tropezado con Tom. No tengo tiempo para hablar.*

Los dos hombres se miran.

Jim dice: "Gloria a Dios, hermano. Qué bueno verlo".

Hablan por un instante. Como Jim tiene prisa, termina diciendo: "Tenemos que reunirnos algún día para almorzar juntos".

En ese breve encuentro, Jim no dijo lo que pensaba, por lo menos en tres ocasiones. En primer lugar, aunque no le entusiasmaba para nada ver a Tom porque tenía prisa, le dijo: "Qué bueno verlo". En segundo lugar, en realidad no estaba pensando en el Señor cuando lo saludó diciendo: "Gloria a Dios". En tercer lugar, no tenía intención alguna de convertir en realidad aquella invitación a almorzar. Sólo era un medio de despedirse más rápido y de paso, aligerar su conciencia. Así que en realidad, Jim no pensaba nada de lo que dijo en aquella conversación.

A diario se dan situaciones reales como ésta. Hoy en día, la mayor parte de la gente no toma en serio lo que está diciendo. Entonces, ¿es de extrañarse que nos cueste saber cuándo aceptar la palabra de una persona?

En cambio, cuando Jesús habla, quiere que lo tomemos en serio. No podemos tener de lo que Él dice el mismo concepto que cuando hablan otras autoridades o personas relacionadas con nosotros en nuestra vida. Cuando Jesús dice algo, lo dice en serio. Él nos es fiel, incluso cuando nosotros no le somos fieles a Él. El nivel de verdad e integridad en el que camina trasciende nuestra cultura o sociedad. Cuando dijo: "Porque si vosotros no perdonáis, tampoco vuestro Padre que está en los cielos os perdonará vuestras ofensas", lo estaba diciendo en serio.

Llevando esto un paso más adelante, Jesús no se limita a decirlo una sola vez en los evangelios, sino que lo dice muchas veces. Así resalta lo importante que es esta advertencia. Veamos unas cuantas de estas afirmaciones que hizo en diversas ocasiones.

> Porque si perdonáis a los hombres sus ofensas, os perdonará también a vosotros vuestro Padre celestial; mas si no perdonáis a los hombres sus ofensas, tampoco vuestro Padre os perdonará vuestras ofensas.
> – MATEO 6:14-15

Y de nuevo:

> Perdonad, y seréis perdonados.
> – LUCAS 6:37

En el Padrenuestro leemos también:

> Y perdónanos nuestras deudas, como también nosotros perdonamos a nuestros deudores.
> – MATEO 6:12

Me pregunto cuántos cristianos querrían que Dios los perdonara de la misma forma que ellos han perdonado a quienes los han ofendido. Sin embargo, ésta es exactamente la forma en que Él los perdonará. Como la falta de perdón abunda tanto en nuestras iglesias, no queremos tomar tan en serio estas palabras de Jesús. Abunde o no, la verdad no cambia. La forma en que perdonemos, liberemos y restauremos a los demás, es la forma en que seremos perdonados.

El perdón y el crecimiento espiritual

En nuestro propio ministerio hemos visto muchos ejemplos de falta de perdón. Cuando ministré en Indonesia por vez primera, me hospedaron en el hogar de un acaudalado negociante. Aunque él asistía con su familia a la iglesia donde yo estaba ministrando, no eran salvos.

Durante la semana que estuve allí, su esposa recibió la salvación. Después la recibió él, y lo siguieron sus tres hijos. Hubo liberación, y cambió por completo la atmósfera de la casa. Su hogar se llenó de gran gozo.

Cuando supieron que yo iba a regresar a Indonesia con mi esposa, nos invitaron a quedarnos con ellos, ofreciéndose a pagar el viaje de avión de mis tres hijos y una joven que los cuidara.

Llegamos y ministramos diez veces en su iglesia. Yo prediqué sobre el arrepentimiento y sobre la presencia de Dios. Sentimos su presencia en los cultos, y todo el tiempo hubo llanto y gritos de liberación.

Nuevamente le ministramos a toda la familia. La madre del esposo, que vivía en la misma ciudad, asistió a todos los cultos. Ella también había contribuido a pagar el viaje de mis hijos con una fuerte cantidad de dinero.

Cuando se acercaba el final de la semana, aquella mujer me miró derechamente a los ojos y me preguntó: "John, ¿por qué yo no he sentido nunca la presencia de Dios?"

Acabábamos de desayunar, y todos los demás se habían marchado de la mesa.

"Yo he estado en todos los cultos", siguió diciendo, "y he escuchado atentamente todo lo que usted ha dicho. He pasado al frente arrepentida, pero no he sentido la presencia de Dios ni una sola vez. No sólo eso, sino que tampoco la he sentido en ningún otro momento."

Yo hablé con ella un rato, y después le dije: "Vamos a orar para que usted sea llena del Espíritu de Dios". Le impuse manos y oré para que recibiera el Espíritu Santo, pero no pude sentir en absoluto la presencia de Dios.

Entonces Él me habló al espíritu. "Ella no quiere perdonar a su esposo. Dile que lo perdone."

Le quité las manos de encima. Yo sabía que su esposo había fallecido, pero la miré y le dije: "El Señor me está mostrando que usted no ha querido perdonar a su esposo".

"Así es", aceptó. "Pero he hecho cuanto he podido para perdonarlo."

Entonces me habló de las cosas tan horribles

que él le había hecho. Así pude ver por qué le costaba tanto trabajo perdonarlo. Pero le dije: "Para que usted reciba algo de Dios, necesita perdonar", y le expliqué lo que enseña Jesús acerca del perdón.

"Usted no lo puede perdonar con sus propias fuerzas. Debe llevar esto ante Dios, y pedirle primero que Él la perdone a usted. Entonces podrá perdonar a su esposo. ¿Está dispuesto a dejarlo en libertad?", le pregunté.

"Sí", me respondió.

La guié en una sencilla oración: "Padre de los cielos, en el nombre de Jesús te pido perdón porque no he querido perdonar a mi esposo. Señor, sé que no lo puedo perdonar con mis propias fuerzas. Ya he fallado, pero ahora, ante ti, lo libero de mi corazón. Lo perdono".

Tan pronto como dijo aquellas palabras, le comenzaron a rodar las lágrimas por el rostro. "Levante las manos y hable en lenguas", le indiqué.

Por vez primera, habló en un hermoso lenguaje celestial. En aquella mesa del desayuno sentimos con tanta fuerza la presencia del Señor, que nos sentimos abrumados y maravillados por ella. Lloró durante unos cinco minutos. Hablamos por un momento, y después la exhorté a disfrutar de la presencia del Señor. Ella lo siguió adorando, y yo la dejé sola.

Cuando su hijo y su nuera lo supieron, se quedaron asombrados. El hijo dijo que nunca había visto a su madre llorar. Ella misma no recordaba la última vez que había llorad. "No lloré ni siquiera cuando murió mi esposo."

En el culto de aquella noche fue bautizada en agua. Durante los tres días siguientes, su rostro resplandecía con una delicada sonrisa. Yo no recordaba haberla visto sonreír antes. Porque no había estado dispuesta a perdonar, había quedado prisionera de esa falta de perdón. Pero una vez que dejó en libertad a su esposo al perdonarlo, recibió el poder del Señor en su vida y se dio cuenta de su presencia.

Adaptado del libro de John Bevere *La trampa de Satanás* (Lake Mary, FL: Casa Creación).

CAPÍTULO 2

Lecciones de un siervo que no quiso perdonar

En Mateo 18, Jesús arroja más luz sobre la esclavitud que crea la falta de perdón y el guardar las ofensas. Les estaba enseñando a sus discípulos la forma de reconciliarse con un hermano que los hubiera ofendido.

Pedro le preguntó: "Señor, ¿cuántas veces perdonaré a mi hermano que peque contra mí? ¿Hasta siete?" (Mateo 18:21). Creía que estaba hablando con generosidad.

A Pedro le gustaba llevar las cosas a sus extremos. Él fue el que dijo en el monte de la transfiguración: "Hagamos aquí tres enramadas: una para ti, otra para Moisés, y otra para Elías" (Mateo 17:4). Ahora pensaba que estaba hablando con magnanimidad. "Voy a impresionar al Maestro al demostrarle que estoy dispuesto a perdonar hasta siete veces."

Pero recibió una sorprendente respuesta. Jesús echó abajo aquello que a

Pedro le parecía tan generoso: "No te digo hasta siete, sino aun hasta *setenta veces siete*" (Mateo 18:22, cursiva del autor). Dicho de otra forma, perdona como lo hace Dios, sin poner límites.

Cuando Jesús le habló a Pedro sobre lo importante que es perdonar sin poner límites, quiso que comprendiera la importancia de ese principio. Para resaltar lo que había dicho, les relató una parábola que ilustra lo que Él estaba enseñando.

> Por lo cual el reino de los cielos es semejante a un rey que quiso hacer cuentas con sus siervos. Y comenzando a hacer cuentas, le fue presentado uno que le debía diez mil talentos.
> – Mateo 18:23-24

Para comprender la enormidad de lo que estaba diciendo Jesús, debemos saber lo que era un *talento*. El talento era una unidad usada para medir el oro, la plata, y otros metales y mercaderías (vea 2 Samuel 12:30; 1 Reyes 20:39). En esta parábola relatada por Jesús, el talento representa una deuda, por lo que podemos suponer con bastante certeza que se estaba refiriendo a una unidad de cambio en oro o plata. Digamos que era en oro.

El talento corriente equivalía a unos 35 kilogramos. Era todo el peso que un hombre podía cargar (vea 2 Reyes 5:23). Diez mil talentos habrían sido unos 350.000 kilogramos, o 350 toneladas métricas. Así que aquel siervo le debía al rey 350 toneladas de oro.

En los tiempos que corren, el precio del oro es de algo más de $9 por gramo. En el mercado actual, un talento de oro valdría $318.000. Por consiguiente, diez mil talentos de oro valen 3.200 millones de dólares. ¡Aquel siervo le debía a su rey 3.200 millones de dólares!

Lo que estaba diciendo Jesús aquí es que el siervo tenía una deuda que nunca podría pagar. Leemos:

> A éste, como no pudo pagar, ordenó su señor venderle, y a su mujer e hijos, y todo lo que tenía, para que se le pagase la deuda. Entonces aquel siervo, postrado, le suplicaba, diciendo: Señor, ten paciencia conmigo, y yo te lo pagaré todo. El señor de aquel siervo, movido a misericordia, le soltó y le perdonó la deuda.
>
> – Mateo 18:25-27

Veamos ahora cómo se aplica esta parábola al hecho de ser ofendido. Cuando se produce una ofensa, se incurre en una deuda. Usted lo tiene que haber oído decir: "Ésta me la va a pagar". Así que perdonar es como cancelar una deuda.

El rey representa a Dios Padre, quien le perdonó a su siervo una deuda que le habría sido imposible pagar. En Colosenses 2:13-14 leemos: "Y a vosotros, estando muertos en pecados y en la incircuncisión de vuestra carne, os dio vida juntamente con él, perdonándoos todos los pecados, anulando el acta de los [*certificado de deuda*, con los] decretos que había contra nosotros, que nos era contraria, quitándola de en medio y clavándola en la cruz".[1]

La deuda que Dios nos perdonó era imposible de pagar. No habríamos tenido forma alguna de pagarle lo que le debíamos. La ofensa cometida era abrumadora. Por eso, Dios nos dio la salvación como regalo. Jesús pagó el certificado de deuda que había contra nosotros. Podemos ver el paralelo entre la relación de este siervo con su rey, y nuestra relación con Dios.

> Pero saliendo aquel siervo, halló a uno de sus consiervos, que le debía cien denarios; y asiendo de él, le ahogaba, diciendo: Págame lo que me debes.
> – Mateo 18:28

El *denario* equivalía aproximadamente al salario de un día de un obrero.[2] Así que, según los salarios de hoy, cien denarios valdrían unos cuatro mil dólares. Sigamos leyendo:

> Entonces su consiervo, postrándose a sus pies, le rogaba diciendo: Ten paciencia conmigo, y yo te lo pagaré todo. Mas él no quiso, sino fue y le echó en la cárcel, hasta que pagase la deuda.
> – MATEO 18:29-30

Uno de sus consiervos le debía una cantidad grande de dinero: el salario de la tercera parte de un año. ¿Le gustaría que le faltara la tercera parte de su sueldo? Ahora bien, recuerde que a aquel hombre le acababan de perdonar una deuda de 3.200 millones de dólares. Más dinero del que habría podido ganar en toda su vida.

Las ofensas que retenemos unos contra otros, comparadas con nuestras ofensas a Dios son como cuatro mil dólares, comparados con una deuda de 3.200 millones. Tal vez nos hayan tratado mal, pero no hay comparación posible con nuestras trasgresiones contra Dios.

Es posible que usted sienta que a nadie le han hecho tanto daño como a usted. Sin embargo, no se da cuenta de lo mal que fue tratado Jesús. Él era inocente; era un cordero sin mancha que fue sacrificado.

La persona que no puede perdonar se ha olvidado de la gran deuda que a ella le fue perdonada. Cuando usted se dé cuenta de que Jesús lo liberó de la muerte eterna y de sus tormentos, estará dispuesto a dejar libres a los demás sin poner condiciones.

No hay nada peor que la eternidad en un lago de fuego. No hay alivio, el gusano no muere y el fuego no se apaga. Ése era nuestro destino hasta que Dios nos perdonó por medio de la muerte de su Hijo Jesucristo. ¡Aleluya! Si a usted le cuesta perdonar, piense en la realidad del infierno, y el amor de Dios que lo salvó de él.

Lecciones para los creyentes

Sigamos leyendo la parábola:

> Viendo sus consiervos lo que pasaba, se entristecieron mucho, y fueron y refirieron a su señor todo lo que había pasado. Entonces, llamándole su señor, le dijo: Siervo malvado, toda aquella deuda te perdoné, porque me rogaste. ¿No debías tú también tener

misericordia de tu consiervo, como yo
tuve misericordia de ti?
— Mateo 18:31-33

En esta parábola, Jesús no se estaba refiriendo a los incrédulos. Estaba hablando de los siervos del rey. A aquel hombre ya se le había perdonado una gran deuda (salvación), y se le llama "siervo" de su amo. El que no podía perdonar era un "consiervo". O sea, que podemos llegar a la conclusión de que esto es lo que le sucede al creyente que se niega a perdonar.

> Entonces su señor, enojado, le entregó a los verdugos, hasta que pagase todo lo que le debía. Así también mi Padre celestial hará con vosotros si no perdonáis de todo corazón cada uno a su hermano sus ofensas.
> — Mateo 18:34-35

Estos versículos tienen tres puntos principales:

1. El siervo que no quería perdonar fue entregado para que lo torturaran.
2. Tiene que pagar completa su deuda original: 350 toneladas métricas de oro.

3. Dios Padre le va a hacer lo mismo a todo creyente que no le perdone a un hermano sus ofensas.

1. El siervo que no quería perdonar fue entregado para que lo torturaran.

El diccionario *Webster* define la *tortura* como "agonía de cuerpo o de mente", o "la provocación de intenso dolor para castigar, ejercer coerción o tener un placer sadista".

Los instigadores de esta tortura son espíritus demoníacos. Dios les da permiso a los "torturadores" para que provoquen a su antojo dolor y agonía de cuerpo y de mente, aunque que seamos creyentes. Muchas veces he orado en los cultos por personas que no podían recibir sanidad, consuelo ni liberación, porque no quería soltar y perdonar a otros de todo corazón.

Los médicos y los científicos han relacionado la actitud de no perdonar y la amargura con ciertas enfermedades, como la artritis y el cáncer. Muchos casos de enfermedades mentales van unidos a la amargura del que no perdona.

Por lo general les negamos el perdón a otras personas, pero algunas veces nos lo negamos a nosotros mismos. Jesús dice: "Perdonad, si tenéis algo contra alguno" (Marcos 11:25). La palabra *alguno* lo incluye también a usted. Si Dios lo perdonó, ¿quién es usted para perdonar a alguien que Él ya ha perdonado, aunque sea usted mismo?

2. Tiene que pagar completa su deuda original: 350 toneladas métricas de oro.

Nos ha exigido que hagamos algo imposible. Es como que se nos exigiera pagar la deuda que Jesús pagó en el Calvario. Perderíamos nuestra salvación.

"Un momento", dirá usted. "Yo creía que una vez que alguien hacía la oración del pecador y le consagraba su vida a Jesús, nunca se podría perder."

Si cree esto, explíqueme entonces por qué Pedro escribió lo siguiente:

> Ciertamente, si habiéndose ellos escapado de las contaminaciones del mundo, por el conocimiento del Señor y Salvador Jesucristo, enredándose otra vez en ellas son vencidos, su postrer estado viene a ser peor que el primero. *Porque mejor les hubiera sido no haber conocido el camino de la jus-*

> *ticia,* que después de haberlo conocido,
> volverse atrás del santo mandamiento
> que les fue dado.
> – 2 Pedro 2:20-21, cursiva del autor

Pedro está hablando aquí de personas que han escapado al pecado ("las contaminaciones del mundo") por medio de la salvación en Jesucristo. Sin embargo, se han enredado de nuevo en él (que puede ser el hecho de no querer perdonar) y los ha vencido. El que hayan sido vencidos significa que no han regresado al Señor arrepentidos de su pecado voluntario. Pedro afirma que apartarse de la justicia es peor que si nunca se la hubiera conocido. En otras palabras, Dios está diciendo que es mejor nunca haber sido salvo, que recibir el don de la vida eterna y después apartarse de él permanentemente.

Judas describe también aquéllos que hay en la iglesia que son "dos veces muertos" (Judas 12-13). Ser dos veces muerto significa que la persona ha estado muerta sin Cristo, después ha recibido vida al aceptarlo a Él, y más tarde ha muerto de nuevo, al apartarse de sus caminos para siempre.

Vemos que muchos van a acudir a Jesús, justificándose a base de decir: "Señor, Señor, ¿no profetizamos en tu nombre, y en tu nombre echamos fuera demonios, y en tu nombre hicimos muchos milagros? Y entonces les declararé: Nunca os conocí; apartaos de mí, hacedores de maldad" (Mateo 7:22-23). Lo han conocido. Lo han llamado "Señor" y han hecho milagros en su nombre. Pero Él no los ha conocido a ellos.

¿A quién conoce Jesús? El apóstol Pablo escribe: "Pero si alguno ama a Dios, es conocido por él" (1 Corintios 8:30). Dios conoce a quienes lo aman.

Tal vez usted diga: "yo amo a Dios. Al que no amo es a este hermano que me ha hecho daño". En ese caso, usted se está engañando, y no ama a Dios, porque está escrito: "Si alguno dice: Yo amo a Dios, y aborrece a su hermano... a quien ha visto, ¿cómo puede amar a Dios a quien no ha visto?" (1 Juan 4:20). El engaño es algo terrible, porque la persona engañada cree con todo su corazón que está en lo cierto. Cree que es de una forma, cuando en realidad es de otra. La persona que se niega a obedecer la Palabra engaña a su propio corazón.

¿No es interesante que sean "muchos" los que esperan entrar al cielo, y se les va a negar la entrada? Jesús dijo que muchos tropezarán en los últimos días (Mateo 24:10). ¿Será acaso que estos dos grupos abarcan a las mismas personas?

Hay creyentes tan atormentados por la falta de perdón, que tal vez hasta tengan la esperanza de que la muerte les va a traer alivio. Sin embargo, esto no es cierto. Tenemos que enfrentarnos a la falta de perdón ahora, o de lo contrario, se nos exigirá que paguemos lo que nunca podremos pagar.

3. Dios Padre le va a hacer lo mismo a todo creyente que no le perdone a un hermano sus ofensas.

Jesús habló de manera muy específica, asegurándose de que comprendiéramos esta parábola. En casi todas las parábola, no ofrecía la interpretación a menos que sus discípulos se la pidieran. En cambio, en este caso no quiso que hubiera dudas acerca de la gravedad del castigo que esperaba a los que se negaran a perdonar.

En muchas otras ocasiones, dijo también con claridad que si no perdonamos no seremos perdonados. Recuerde que Él no es como nosotros: Él habla siempre en serio.

En la Iglesia se dan excusas muchas veces para albergar la falta de perdón. Se considera un pecado inferior a los de homosexualidad, adulterio, robo, borrachera y otros. Pero quienes la practiquen no van a heredar el reino de Dios, como les sucederá igualmente a los que practiquen otros pecados.

Habrá quienes piensen que se trata de un mensaje muy duro; sin embargo, yo lo veo como un mensaje de misericordia y de advertencia; no como un mensaje cruel. ¿Qué prefiere; que el Espíritu Santo le dé convicción ahora y experimente un arrepentimiento y un perdón genuinos, o negarse a personar hasta que ya no se pueda arrepentir, y entonces oír que el Maestro le dice: "Apártate de mí"?

Adaptado del libro de John Bevere *La trampa de Satanás* (Lake Mary, FL: Casa Creación).

CAPÍTULO 3

La trampa de la venganza

Me hallaba en una iglesia de Tampa, estado de la Florida, ministrando sobre el tema de las ofensas. Cuando terminé, se me acercó una señora. Me dijo que le había perdonado a su antiguo esposo todo lo que le había hecho. Sin embargo, mientras me escuchaba hablar de la necesidad de soltar las ofensas, se dio cuenta de que no tenía paz dentro de sí, y se sintió muy incómoda.

"Aún no lo ha perdonado", le dije con delicadeza.

"Sí, ya lo hice", me contestó. "He llorado lágrimas de perdón."

"Habrá llorado, pero aún no lo ha soltado."

Ella insistió en que yo estaba equivocado, y que lo había perdonado. "No quiero saber nada de él. Lo he soltado."

"Dígame lo que él le hizo", le pedí.

"Mi esposo y yo estábamos pastoreando una iglesia. Él me dejó con nuestros tres hijos varones para fugarse con una mujer prominente de la iglesia." Los ojos se le llenaron de lágrimas. "Me dijo que no había sabido oír a Dios cuando se casó conmigo, porque la voluntad perfecta de Dios era que se casara con la mujer que huyó con él. Me dijo que esa mujer era una gran ayuda para su ministerio, porque lo apoyaba mucho más. Me dijo que yo era un obstáculo. Me dijo que yo siempre lo estaba criticando. Me culpó a mí solamente de la destrucción de nuestro matrimonio. Nunca ha vuelto, ni ha admitido haber tenido culpa alguna."

Es evidente que aquel hombre estaba engañado, y que le había hecho un gran daño a su esposa y a sus hijos. Ella había sufrido mucho a causa de sus acciones, y estaba esperando que él le pagara esa deuda. La deuda no era cuestión de mantenimiento, ni de sostenimiento de los hijos menores, porque su nuevo esposo le estaba dando todo esto. La deuda que ella quería que él le pagara, era admitir que el había estado equivocado y que ella había estado en lo cierto.

"Usted no lo quiere perdonar hasta que él se le acerque para decirle que estaba equivocado, que la culpa es de él y no suya, y le pida perdón. Éste es el pago sin cumplir que la ha mantenido atada", le señalé.

Aferrarse a una ofensa no perdonada es como estarle exigiendo a alguien el pago de una deuda. Cuando una persona le ha hecho daño a otra, ésta última cree que tiene una deuda con ella. Espera un pago de alguna clase, ya sea monetario o no.

Nuestro sistema judicial existe para vengar a las personas a las que se les ha hecho un mal o un daño. Los pleitos legales son consecuencia de los intentos de la gente para que se les pague lo que se les debe. Cuando una persona ha sido herida por otra, la justicia humana dice: "Va a ser sometida a juicio por lo que ha hecho, y si se la declara culpable, tendrá que pagarlo". El siervo que no quería perdonar pretendía que su consiervo le pagara lo que le debía a él, así que trató de obtener esta compensación por medio de los tribunales. Éste no es el camino de la justicia.

> No os venguéis vosotros mismos, amados míos, sino dejad lugar a la ira de Dios; porque escrito está: Mía es la venganza, yo pagaré, dice el Señor.
> – ROMANOS 12:19

No pertenece a la justicia de los hijos de Dios el que se venguen a sí mismos. No obstante, eso es exactamente lo que estamos buscando cuando nos negamos a perdonar. Queremos, buscamos, planificamos y llevamos a cabo nuestra venganza. No queremos pagar mientras la deuda no esté totalmente pagada, y sólo nosotros podemos decidir cuál es la compensación aceptable. Cuando tratamos de corregir el mal que se nos ha hecho, nos convertimos en jueces. Pero sabemos:

> Uno solo es el dador de la ley, que puede salvar y perder; pero tú, ¿quién eres para que juzgues a otro? ... Hermanos, no os quejéis unos contra otros, para que no seáis condenados; he aquí, el juez está delante de la puerta.
> – Santiago 4:12; 5:9

Dios es el justo Juez. Él es quien dicta sentencias justas, pero le va a pagar a cada uno según lo correspondiente a la justicia. Si alguien ha hecho algo malo y se arrepiente de verdad, lo hecho por Jesús en el Calvario borra esa deuda.

Usted dirá: "Pero el mal me lo hicieron a mí; no a Jesús".

Sí, pero no se ha dado cuenta del mal que usted le hizo a Él. No tenía culpa alguna; era la víctima inocente, mientras que todos los demás seres humanos habíamos pecado y estábamos condenados a morir. Cada uno de nosotros ha quebrantado leyes de Dios que están por encima de las leyes de la sociedad. Para que se hiciera justicia, todos deberíamos ser condenados a muerte por el tribunal supremo del universo.

Tal vez usted no haya hecho nada para provocar el mal que ha recibido de manos de otra persona. Pero si coteja lo que le han hecho con lo que Dios le ha perdonado, no hay comparación posible. No haría la más mínima mella en la deuda que usted tiene. Si siente que le han hecho trampa, es que ha perdido el concepto de la misericordia que Dios ha tenido con usted.

No hay zonas grises donde sea posible el resentimiento

Bajo el pacto del Antiguo Testamento, si usted pecaba contra mí, yo tenía el derecho legal de hacerle lo mismo a usted. Se me autorizaba a cobrar las deudas, pagando mal por mal (vea Levítico 24:19; Éxodo 21:23-25). La ley era lo supremo. Aún no había muerto Jesús para hacernos libres.

Observe la forma en que Él se dirige a los creyentes del Nuevo Pacto.

> *Oísteis que fue dicho:* Ojo por ojo, y diente por diente. Pero yo os digo: No resistáis al que es malo; antes, a cualquiera que te hiera en la mejilla derecha, vuélvele también la otra; y al que quiera ponerte a pleito y quitarte la túnica, déjale también la capa; y a cualquiera que te obligue a llevar carga por una milla, ve con él dos. Al que te pida, dale; y al que quiera tomar de ti prestado, no se lo rehúses.
> – MATEO 5:38-42, CURSIVA DEL AUTOR

Jesús elimina todas las zonas grises donde habría podido caber un resentimiento. De hecho, nos dice que nuestra actitud debe estar tan alejada de la venganza, que estemos dispuestos a abrirnos a la posibilidad de que se aprovechen de nosotros nuevamente.

Cuando tratamos de corregir el mal que nos han hecho, nos erigimos en jueces. El siervo que no quiso perdonar en Mateo 18 hizo esto cuando puso a su consiervo en la prisión. A su vez, este siervo implacable fue entregado a los tormentadores, y su familia fue vendida hasta que lo pagara todo.

Si Jesús hubiera esperado a que nosotros nos

le acercáramos a pedirle disculpas, diciendo: "Nosotros estábamos equivocados y tú estabas en lo cierto. Perdónanos", *no* nos habría perdonado desde la cruz. Mientras estaba clavado en ella, clamó: "Padre, perdónalos, porque no saben lo que hacen" (Lucas 23:34). Nos perdonó antes de que nos le acercáramos para confesarle nuestra ofensa contra Él. El apóstol Pablo nos exhorta con estas palabras: "De la manera que Cristo os perdonó, así también hacedlo vosotros" (Colosenses 3:13). En otro versículo, Pablo nos exhorta: "Antes sed benignos unos con otros, misericordiosos, perdonándoos unos a otros, como Dios también os perdonó a vosotros en Cristo" (Efesios 4:32).

Cuando le dije a aquella señora con la que hablé en Tampa, Florida: "Usted no lo quiere perdonar hasta que él le diga: 'Yo estaba equivocado y tú estabas en lo cierto'", le corrieron las lágrimas por el rostro. Lo que ella quería era poca cosa, comparado con toda la angustia que él les había causado a ella y a sus hijos. Pero se hallaba esclavizada a la justicia humana. Se había erigido en juez, reclamando que tenía derecho a la deuda, y esperando el pago. Aquella ofensa había sido un obstáculo para su relación con su nuevo esposo. También había afectado su relación con todas las autoridades masculinas, porque su antiguo esposo también había sido su pastor.

Jesús comparó muchas veces el estado de nuestro corazón al del suelo. Se nos exhorta a estar enraizados y cimentados en el amor de Dios. Cuando esto sucede, la semilla de la Palabra de Dios echa raíces en nuestro corazón, crece y termina produciendo el fruto de justicia. Este fruto es amor, gozo, paz, paciencia, benignidad, bondad, fe, mansedumbre y templanza (Gálatas 5:22-23).

El suelo sólo produce lo que se ha sembrado en él. Si plantamos semillas de deudas, falta de perdón y ofensas, brotará otra raíz en el lugar del amor de Dios. Es la raíz de amargura.

Francis Frangipane da una excelente definición de la amargura: "La amargura es la venganza no cumplida".[1] Se produce cuando no se satisface el deseo de venganza al nivel que nosotros queremos.

El escritor de Hebreos habla directamente de este tema.

> Seguid la paz con todos, y la santidad, sin la cual nadie verá al Señor. Mirad bien, no sea que alguno deje de alcanzar

la gracia de Dios; que brotando alguna *raíz de amargura,* os estorbe, y por ella *muchos sean contaminados.*

— HEBREOS 12:14-15,
CURSIVA DEL AUTOR

Observe las palabras "muchos sean contaminados". ¿Será posible que aquí también se esté hablando de los "muchos" que Jesús dijo que encontrarían tropiezo en los últimos días? (vea Mateo 24:10).

La amargura es una raíz. Si se cuidan las raíces; se las riega, protege, alimenta y atiende, aumentan en profundidad y fuerza. Si no se las arranca con rapidez, se vuelven difíciles de arrancar. La fuerza de la ofensa seguirá creciendo. Se nos exhorta a no dejar que se ponga el sol sobre nuestra ira (Efesios 4:26). Si no resolvemos con rapidez el problema de nuestra ira, en lugar de que se produzca el fruto de justicia, veremos una cosecha de ira, resentimiento, celos, odio, luchas y discordias. Jesús dice que estas cosas son frutos de maldad (vea Mateo 7:19-20).

La Biblia dice que la persona que no busca la paz a base de liberar las ofensas, termina contaminada. Algo que es muy valioso termina corrompido por la vileza de la falta de perdón.

La contaminación de un rey en potencia

Después de la muerte del rey Saúl, subió David al trono. Fortaleció a la nación, disfrutó de éxitos militares y económicos, y retuvo con firmeza su trono. Entre sus hijos estaban Amnón, su hijo mayor, y Absalón, el tercero de sus hijos varones.

Amnón, el hijo mayor de David, cometió una malvada ofensa contra su medio hermana Tamar, quien era hermana de Absalón. Fingió estar enfermo y le pidió a su padre que le enviara a Tamar para que le sirviera los alimentos. Cuando ella fue, les ordenó a los sirvientes que salieran y la violó. Entonces la despreció e hizo que se la llevaran de su vista. Había profanado a una princesa real virgen, devastando su vida con la vergüenza (vea Samuel 13).

Sin decirle una palabra a su medio hermano, Absalón llevó a su hermana a su propio hogar, y cuidó de ella. Pero odiaba a Amnón por haberla profanado.

Absalón esperaba que su padre castigara a su medio hermano. El rey David se sintió indignado cuando supo la obra de maldad realizada por Amnón, pero no hizo nada. Absalón se sintió devastado por la falta de justicia de su padre.

Tamar había usado las vestiduras reales reservadas para las hijas vírgenes del rey; ahora estaba revestida de vergüenza. Era una joven hermosa, y es probable que el pueblo la hubiera tenido en alta estima. Ahora vivía recluida, incapaz de casarse, porque ya no era virgen.

Aquello era injusto. Había acudido a asistir a Amnón porque el rey se lo había ordenado, y la habían violado. Su vida estaba liquidada, mientras que el hombre que había cometido aquella atrocidad seguía viviendo como si nada hubiera pasado. Ella llevaba el peso de todo, y su vida estaba hecha pedazos.

Un día tras otro, Absalón veía a su angustiada hermana. La perfecta existencia de una princesa se había vuelto una pesadilla. Él esperó un año a ver si su padre hacía algo, pero David no hizo nada. Se sintió ofendido por la falta de respuesta de su padre, y odió al malvado Amnón.

Después de dos años, su odio por Amnón hizo nacer un plan para asesinarlo. Tal vez pensara: *Voy a vengar a mi hermana, puesto que la autoridad correcta ha decidido no hacer nada.*

Preparó un banquete para todos los hijos varones del rey. Cuando Amnón menos lo sospechaba, lo hizo matar. Entonces huyó a Gesur, después de realizada su venganza contra Amnón. Pero se sintió cada vez más ofendido con su padre, sobre todo mientras estuvo lejos de palacio.

Los pensamientos de Absalón estaban envenenados por la amargura. Se convirtió en un experto crítico de las debilidades de David. Con todo, tenía la esperanza de que su padre lo mandara llamar. David no lo llamó. Esto alimentó su resentimiento.

Tal vez fueran éstos sus pensamientos: *Mi padre es vitoreado por el pueblo, pero están ciegos a su verdadera naturaleza. Él no es más que un egoísta que usa a Dios para taparse. ¡Si es peor que el rey Saúl! Saúl perdió su trono por no haber matado al rey de los amalecitas, y por haberles perdonado la vida a unos cuantos de sus mejores ovejas y bueyes. Mi padre cometió adulterio con la esposa de uno de sus hombres más leales. Después cubrió su pecado haciendo matar al hombre que le era leal. Es un asesino y un adúltero; por eso no castigó a Amnón. Y todo esto lo tapa con su adoración fingida a Jehová.*

Absalón se quedó tres años en Gesur. David se había consolado de la muerte de su hijo Amnón, y Joab lo había convencido de que llevara de vuelta a Absalón. Pero se negó a encontrarse con él frente a frente. Pasaron dos años más, y David le devolvió por fin el favor a Absalón, concediéndole de nuevo todos sus privilegios. Pero el corazón de Absalón se sentía tan fuertemente ofendido como antes.

Absalón era un experto en apariencias. Antes de asesinar a Amnón, "Absalón no habló con Amnón ni malo ni bueno; aunque Absalón aborrecía a Amnón" (2 Samuel 13:22). Muchas personas son capaces de esconder las ofensas y el odio que sienten, como lo hacía Absalón.

A causa de esta actitud crítica de ofendido, comenzó a atraer hacia sí a todos los descontentos. Se puso a la disposición de todo Israel, tomando tiempo para escuchar sus quejas. Se lamentaba diciendo que las cosas serían distintas si él fuera el rey. Juzgaba sus casos, puesto que al parecer, el rey no tenía tiempo para ellos. Tal vez los juzgara porque le parecía que en su propio caso no se le había hecho justicia.

Parecía preocuparse por el pueblo. La Biblia dice que Absalón le robó a su padre David los corazones del pueblo de Israel. Pero, ¿estaba genuinamente interesado por ellos, o sólo andaba buscando una forma de derrocar a David, que era quien lo había ofendido?

Expertos en errores

Absalón atrajo a Israel hacia sí, y se levantó contra David. El rey tuvo que huir de Jerusalén para salvar la vida. Tal parecía como si Absalón iba a establecer su propio reino. Lo que sucedió fue que lo mataron mientras perseguía a David, aunque éste había ordenado que no lo tocaran.

De hecho, Absalón fue matado por su propia amargura y su sentimiento ofendido. Un hombre con tanto potencial, heredero del trono, murió en plena juventud porque se negó a soltar la deuda que pensaba que tenía con él su padre. Terminó contaminado.

Con frecuencia, los que ayudan a los líderes de una iglesia se sienten ofendidos por la persona a la que sirven. Como consecuencia, pronto se vuelven críticos; expertos en todo lo que anda mal en su líder, o en los que él nombra. Se sienten ofendidos. Su visión queda distorsionada. Ven desde una perspectiva totalmente distinta a la de Dios.

Creen que su misión en la vida consiste en liberar de un líder injusto a los que les rodean. Se ganan los corazones de los quejicosos, contentos e ignorantes, y antes de que se den cuenta, terminan marchándose, o dividiendo la iglesia o el ministerio, tal como hizo Absalón.

Algunas veces, sus observaciones son correctas. Tal vez David *habría debido* actuar contra Amnón. Tal vez los líderes tienen aspectos en los que están equivocados. ¿Quién es el juez: usted, o el Señor? Recuerde que quien siembra vientos, recoge tempestades.

Lo que le sucedió a Absalón, y lo que sucede en los ministerios de hoy, es un proceso que se lleva tiempo. Muchas veces no estamos conscientes de que nuestro corazón se siente ofendido. La raíz de amargura apenas es distinguible cuando comienza a desarrollarse. Pero cuando se la alimenta, crece y se fortalece. Tal como exhorta el autor de Hebreos, debemos mirar "bien, no sea que... brotando alguna raíz de amargura, nos estorbe, y por ella muchos sean contaminados" (Hebreos 12:15).

Debemos examinar nuestro corazón y abrirnos a la corrección del Señor, porque sólo su Palabra puede discernir los pensamientos y las intenciones de nuestro corazón. El Espíritu Santo nos da convicción cuando nos habla a través de la conciencia. No debemos permanecer sordos a esa convicción, ni tratar de apagarlo. Si usted ha hecho esto, arrepiéntase ante Dios y abra el corazón a su corrección.

Un ministro me preguntó una vez si había

actuado como un Absalón, o como un David, en algo que había hecho. Había estado trabajando de asistente de un pastor en una ciudad, y el pastor lo había despedido. Al parecer, el pastor principal estaba celoso de este joven, y le tenía miedo, porque la mano de Dios estaba sobre él.

Un año más tarde, el ministro que había sido despedido creyó que el Señor quería que comenzara una iglesia en el otro extremo de la ciudad. Así lo hizo, y algunas personas de la iglesia que había dejado se marcharon de ella para unirse a él. Se sintió preocupado, porque no quería actuar como un Absalón. Era evidente que no tenía resentimiento de ningún tipo con su antiguo líder. Había comenzado la nueva iglesia porque el Señor lo había llevado a hacerlo, y no como respuesta a la falta de cuidado que había en la otra.

Yo le señalé la diferencia entre Absalón y David. Absalón se robó los corazones de las otras personas, porque se sentía ofendido con su líder. David animó a los demás a mantenerse fieles a Saúl, a pesar de que éste lo estaba persiguiendo. Absalón se llevó hombres consigo; David se marchó solo.

"¿Se marchó solo de la iglesia?", le pregunté. "¿Hizo algo para animar a la gente a irse con usted, o apoyarlo?"

"Me fui solo, y no hice nada para llevarme a nadie conmigo", me dijo.

"Muy bien. Usted actuó como David. Asegúrese de que la gente que se vaya con usted no tenga resentimientos contra su antiguo pastor. Si los tienen, llévelos a la libertad y la sanidad."

La iglesia de este hombre es hoy una iglesia próspera. Lo que aprecié tanto de él fue que no tuvo miedo de examinar su propio corazón. No sólo eso, sino que se sometió a un consejo piadoso. Para él era más importante estar sometido a los caminos de Dios, que demostrar que estaba "en lo cierto".

No tenga miedo de permitirle al Espíritu Santo que le revele la existencia de alguna falta de perdón o amargura. Mientras más las esconda, más fuertes se volverán y más se le endurecerá el corazón. Manténgase tierno de corazón. ¿Cómo?

> Quítense de vosotros toda amargura, enojo, ira, gritería y maledicencia, y toda malicia. Antes sed benignos unos con otros, misericordiosos, perdonándoos unos a otros, como Dios también os perdonó a vosotros en Cristo.
> – EFESIOS 4:32-32

Adaptado del libro de John Bevere *La trampa de Satanás* (Lake Mary, FL: Casa Creación).

CAPÍTULO 4

Busque la reconciliación

Los resentimientos tienen una cantidad ilimitada de escenarios. Tal vez la persona que hemos ofendido crea que fuimos injustos en nuestra forma de tratarla, cuando en realidad no le hicimos daño alguno. Puede que la información que tenga sea incorrecta, lo cual la ha llevado a una conclusión que no es exacta.

Por otra parte, es posible que sí tenga una información *exacta*, pero haya sacado de ella una conclusión incorrecta. Tal vez lo que nosotros dijimos haya sido seriamente distorsionado a medida que ha ido pasando por los diversos canales de comunicación. Aunque no teníamos intención de hacerle daño, nuestras palabras y acciones parecían decir algo diferente.

Por lo general, nos juzgamos a nosotros mismos por nuestras intenciones, y a los demás por sus acciones. Es posible tener una intención, al mismo tiempo que se comunica algo totalmente distinto. Algunas veces, nuestras verdaderas motivaciones se hallan astutamente escondidas, incluso de nosotros mismos. Queremos creer que son puras. Pero cuando las filtramos por la Palabra de Dios, las vemos de otra manera.

Por último, tal vez sea cierto que pecamos contra la persona. Estábamos enojados, o bajo presión, y a ella le tocó cargar con el golpe. O quizá sea una persona que nos haya estado fustigando constante y deliberadamente, y le hemos correspondido con la misma moneda.

Cualquiera que sea su causa, la forma en que comprende las cosas esta persona ofendida se haya entenebrecida, y ha basado sus juicios en suposiciones, rumores y apariencias, engañándose a sí misma, aunque cree haber discernido nuestra verdadera motivación. ¿Cómo podemos tener un juicio preciso si no tenemos una información exacta? Debemos estar sensibles al hecho de que cree con todo el corazón que le hemos hecho un mal. Cualquiera que sea la razón por la que cree esto, debemos estar dispuestos a humillarnos y pedirle perdón.

Jesús nos exhorta a reconciliarnos, aun en el caso de que no seamos culpables de la ofensa. Hace falta madurez para caminar en humildad con el fin de producir una reconciliación. Pero dar el primer paso suele ser más duro para el que se siente herido. Por eso Jesús dice que la persona que ha causado la ofensa es la que debe "ir a él..."

En el Sermón del Monte –tal vez la enseñanza más importante que nos dejó–, Jesús dijo estas palabras:

> Oísteis que fue dicho a los antiguos: No matarás; y cualquiera que matare será culpable de juicio. Pero yo os digo que cualquiera que se enoje contra su hermano, será culpable de juicio; y cualquiera que diga: Necio, a su hermano, será culpable ante el concilio; y cualquiera que le diga: Fatuo, quedará expuesto al infierno de fuego. Por tanto, si traes tu ofrenda al altar, y allí te acuerdas de que tu hermano tiene algo contra ti, deja allí tu ofrenda delante del altar, y anda, reconcíliate primero con tu hermano, y entonces ven y presenta tu ofrenda.
> – MATEO 5:21-24

Esta cita procede del sermón del Monte. Jesús dice al principio: "Oísteis que fue dicho a los antiguos..." Después dice: "Pero yo os digo..." Continúa esta comparación a lo largo de toda esta parte de su mensaje. Primero cita la ley que regula nuestras acciones externas. Después muestra su cumplimiento al llevarla al corazón.

Ante los ojos de Dios, no es asesino sólo quien mata, sino también quien odia a su hermano. Lo que tenemos en el corazón es lo que somos en realidad.

En esta parte del sermón, Jesús delinea con claridad las consecuencias de las ofensas. Ilustra lo grave que es mantenerse airado, o con amargura y resentimiento. Si alguien está airado contra su hermano sin causa alguna, se halla en peligro de juicio. Está en peligro de que lo condene el concilio, si esa ira da fruto y le llama "necio" ("raca" en el original) a su hermano.[1]

La palabra *raca*, usada en el texto original, significa "manos vacías", o tonto. Era un término de reproche que usaban los judíos en tiempos de Cristo. Si la ira llega al punto en que alguien llama "fatuo" a su hermano, está en peligro de caer en el infierno. La palabra traducida como "fatuo" designa a alguien que vive apartado de Dios.[2] Es el que dice en su corazón que no hay Dios (Salmo 14:1). En aquellos días, llamar "fatuo" a alguien era hacer una acusación muy grave. Nadie decía algo así, a menos que la ira que llevaba dentro se hubiera convertido en odio. Hoy en día sería como decirle a una persona "Vete al diablo" con todo el deseo de que esto suceda.

Jesús estaba mostrando que cuando uno no resuelve su ira, puede llegar a odiar. El odio no resuelto pone en peligro de caer en el infierno. Después dijo que si recordaban que su hermano estaba ofendido con ellos, le debían dar la mayor prioridad al esfuerzo de buscarlo y tratar de reconciliarse con él.

¿Por qué debemos buscar la reconciliación con tanta urgencia; por nuestro propio bien, o por el bien de nuestro hermano? Lo debemos hacer por su bien, para convertirnos en un catalizador que lo ayude a dejar de sentirse ofendido. Aunque nosotros no nos sintamos ofendidos con él, el amor de Dios no le permite mantenerse enojado sin hacer el intento de acercarse a nosotros para restaurarse. Aquí no importa quién tiene la razón, o quién está equivocado. Más importante que demostrar que tenemos razón, es que ayudemos a este hermano que va tropezando.

Pídale perdón al que ha sido ofendido

El apóstol Pablo dijo:

> Así que, sigamos lo que contribuye a

la paz y a la mutua edificación.
— ROMANOS 14:19

Esto nos señala la forma de acercarnos a alguien a quien hayamos ofendido. Si vamos con una actitud de frustración, no fomentaremos la paz. Sólo le haremos difícil la situación al que ha sido herido. Debemos mantener una actitud de búsqueda de la paz por medio de la humildad, a expensas de nuestro orgullo. Es la única forma de llegar a una reconciliación verdadera.

En ciertas ocasiones me he acercado a personas a quienes he herido, o que estaban enojadas conmigo, y me han fustigado. Me han dicho que soy un egoísta, un desconsiderado, un orgulloso, un grosero, un cruel, y cosas así.

Mi reacción natural ha sido decirles: "No; no lo soy. Lo que pasa es que usted no me comprende". Pero cuando me defiendo, lo único que hago es alimentar más el fuego de su resentimiento. Esto no es buscar la paz. Cuando los levantamos a defender "nuestros derechos" y nuestra persona, nunca conseguimos una paz verdadera.

En lugar de hacer esto, he aprendido a escuchar y callarme hasta que hayan dicho lo que necesitaban decir. Si no estoy de acuerdo, les hago saber que respeto lo que han dicho, y que voy a escudriñar mis actitudes y mis intenciones. Después les digo que siento haberlos herido.

Otras veces tienen razón en la evaluación que hacen de mi persona. Entonces admito: "Tiene usted razón. Le pido perdón".

Una vez más, esto sólo significa humillarnos para fomentar la reconciliación. Tal vez sea por esto por lo que Jesús dice en los versículos siguientes:

> Ponte de acuerdo con tu adversario pronto, entre tanto que estás con él en el camino, no sea que el adversario te entregue al juez, y el juez al alguacil, y seas echado en la cárcel. De cierto te digo que no saldrás de allí, hasta que pagues el último cuadrante.
> — MATEO 5:25-26

El orgullo se defiende. La humildad acepta y dice: "Tiene razón. Así es como he actuado. Le ruego que me perdone".

> Pero la sabiduría que es de lo alto es primeramente pura, después pacífica, amable, *benigna*, llena de misericordia y de buenos frutos, sin incertidumbre ni hipocresía.
> — SANTIAGO 3:17, CURSIVA DEL AUTOR

La sabiduría de Dios es benigna; esto es, está dispuesta a ceder. No es rígida ni obstinada cuando se trata de los conflictos personales. La persona que está sometida a la sabiduría santa no tiene miedo a ceder, o a hacer una concesión al punto de vista del otro, siempre que no viole la verdad.

La forma de acercarnos a alguien que nos ha ofendido

Ahora que hemos hablado de lo que debemos hacer cuando hemos ofendido a nuestro hermano, pensemos en lo que debemos hacer cuando es nuestro hermano el que nos ha ofendido a nosotros.

> Por tanto, si tu hermano peca contra ti, ve y repréndele estando tú y él solos; si te oyere, has ganado a tu hermano.
> – MATEO 18:15

Muchas personas aplican a la vida este versículo de las Escrituras con una actitud diferente a la que Jesús tenía en mente. Si han sido heridos, van y se le enfrentan al ofensor con un espíritu de venganza e ira. Usan este versículo como justificación para condenar al que los ha herido.

Sin embargo, se están perdiendo por completo

la razón por la cual Jesús nos indicó que fuéramos en busca del otro. No es para condenarlo, sino para reconciliarnos con él. Jesús no quiere que vayamos a decirle a nuestro hermano lo indignamente que se ha comportado con nosotros. Lo que quiere es que vayamos a quitar del medio la ruptura que está impidiendo la restauración de nuestra relación.

Esto tiene un paralelo en la forma en que Dios nos restaura a la comunión consigo. Nosotros hemos pecado contra Dios, pero Él "muestra su amor para con nosotros, en que siendo aún pecadores, Cristo murió por nosotros" (Romanos 5:8). ¿Estamos dispuestos a echar abajo nuestra protección y morir al orgullo a fin de ser restaurados en nuestra relación con el que nos ha ofendido? Dios se nos acercó a nosotros antes de que le pidiéramos perdón. Jesús decidió perdonarnos antes de que nosotros hubiéramos reconocido nuestra ofensa.

Aunque Él se nos acercó, no pudimos reconciliarnos con el Padre mientras no recibimos su palabra de reconciliación.

> Y todo esto proviene de Dios, quien nos *reconcilió* consigo mismo por Cristo, y nos dio el ministerio de la *reconciliación*;

> que Dios estaba en Cristo *reconciliando* consigo al mundo, no tomándoles en cuenta a los hombres sus pecados, y nos encargó a nosotros *la palabra de la reconciliación*. Así que, somos embajadores en nombre de Cristo, como si Dios rogase por medio de nosotros; *os rogamos en nombre de Cristo: Reconciliaos con Dios.*
>
> – 2 CORINTIOS 5:18-20,
> CURSIVA DEL AUTOR

La palabra de reconciliación comienza en el terreno común de que todos hemos pecado contra Dios. No anhelamos la reconciliación ni la salvación, a menos que sepamos que existe una separación.

En el Nuevo Testamento, los discípulos predicaron que la gente había pecado contra Dios. Ahora bien, ¿para qué decirles que habían pecado? ¿Para condenarlos? Dios no condena. "Porque no envió Dios a su Hijo al mundo para condenar al mundo, sino para que el mundo sea salvo por él" (Juan 3:17). ¿No sería más bien para llevarlos al punto de darse cuenta de su estado, arrepentirse de sus pecados y pedir perdón?

¿Qué lleva al ser humano al arrepentimiento? Hallamos la respuesta en Romanos 2:4:

> ¿O menosprecias las riquezas de su benignidad, paciencia y longanimidad, ignorando que su benignidad te guía al arrepentimiento?

La bondad de Dios nos lleva al arrepentimiento. Su amor no nos deja condenados en el infierno. Él demostró ese amor, enviando a Jesús, su único Hijo, a la cruz para morir por nosotros. Dios se nos acerca primero, a pesar de que somos nosotros los que hemos pecado contra Él. Viene a nuestro encuentro, no para condenarnos, sino para restaurarnos; para salvarnos.

Puesto que nosotros debemos imitar a Dios, tenemos que ofrecer la reconciliación al hermano que peque contra nosotros. Jesús estableció este modelo de conducta: Ir a él y mostrarle su pecado, no para condenarlo, sino para quitar del medio todo lo que haya entre los dos. Entonces podemos reconciliarnos y restaurarnos. La bondad de Dios que hay dentro de nosotros llevará a nuestro hermano al arrepentimiento y la restauración de la relación.

Yo pues, preso en el Señor, os ruego que

andéis como es digno de la vocación con que fuisteis llamados, con toda humildad y mansedumbre, soportándoos con paciencia los unos a los otros en amor, solícitos en guardar la unidad del Espíritu en el vínculo de la paz.

– EFESIOS 4:1-3

Mantenemos este vínculo de la paz a base de una actitud continua de humildad, bondad y paciencia, y soportándonos mutuamente nuestras debilidades en amor. De esta forma se fortalece ese vínculo de la paz.

Yo les he hecho mal a algunos que se me han enfrentado para condenarme. Como consecuencia, he perdido todo deseo de reconciliarme con ellos. De hecho, he pensado que no se querían reconciliar, sino que sólo querían que yo supiera que estaban enojados.

Otros con los que he actuado mal, se me han acercado con mansedumbre. Entonces, he podido cambiar con rapidez mi actitud para pedirles perdón, algunas veces antes de que me acabaran de hablar.

¿Se le ha acercado alguien alguna vez para decirle: "Sólo quiero que sepa que lo perdono porque no ha sido un amigo mejor, y porque no ha hecho esto o aquello por mí"?

Entonces, después de haberlo bombardeado, le echan una mirada que dice: "Me debes una disculpa".

Usted se queda allí desconcertado, lleno de confusión y herido. No han venido a reconciliarse en su relación, sino a intimidarlo y controlarlo.

No debemos acercarnos a un hermano que nos ha ofendido, mientras no hayamos decidido que lo vamos a perdonar de corazón, cualquiera que sea su respuesta. Necesitamos librarnos de todo sentimiento de animosidad en su contra antes de acercarnos a él. Si no lo hacemos, es probable que reaccionemos de acuerdo con esos sentimientos negativos, y lo hiramos en lugar de sanarlo.

¿Qué sucede si tenemos una actitud correcta y tratamos de reconciliarnos con alguien que ha pecado contra nosotros, pero esa persona no nos quiere escuchar?

> Mas si no te oyere, toma aún contigo a uno o dos, para que en boca de dos o tres testigos conste toda palabra. Si no los oyere a ellos, dilo a la iglesia; y si no oyere a la iglesia, tenle por gentil y publicano.
>
> – MATEO 18:16-17

Todas las etapas dentro de esta progresión tienen la misma meta: la reconciliación. Básicamente, lo que Jesús está diciendo es: "Sigue intentándolo". Observe que la persona que ha ofendido está involucrada en todos estos pasos. Con cuánta frecuencia vamos a comentar la ofensa con todo el mundo, menos con el que ha pecado contra nosotros, que es lo que Jesús nos dijo que hiciéramos. Lo hacemos, porque no nos hemos enfrentado a nuestro propio corazón. Nos sentimos justificados mientras le contamos a todo el mundo nuestra versión de la historia. Esto fortalece nuestra causa y nos consuela, porque los demás nos confirman que nos han tratado mal. En este tipo de conducta sólo hay egoísmo.

Lo realmente básico

Si mantenemos como motivación el amor de Dios, no vamos a fallar. El amor nunca falla. Cuando amamos a los demás como nos ama Jesús, seguiremos siendo libres aun en el caso de que la otra persona decida que no se quiere reconciliar con nosotros. Vea con detenimiento el siguiente versículo bíblico. La sabiduría de Dios está a nuestra disposición en todas las situaciones.

> Si es posible, en cuanto dependa de vosotros, estad en paz con todos los hombres.
>
> – ROMANOS 12:18

Pablo dice: "Si es posible...", porque hay ocasiones en que la otra persona se va a negar a hacer las paces con nosotros. También puede haber quienes pongan unas condiciones para la reconciliación que hacen peligrar nuestra relación con el Señor. En ambos casos, no nos es posible restaurar esa relación.

Observe que dice después: "En cuanto dependa de vosotros..." Debemos hacer cuanto esté de nuestra parte para reconciliarnos con la otra persona, siempre que permanezcamos leales a la verdad. Muchas veces nos damos por vencidos demasiado pronto en cuanto a las relaciones.

Nunca olvidaré aquella vez en que un amigo me aconsejó que no huyera de una situación muy frustrante. "John, yo sé que se pueden encontrar razones bíblicas para alejarse de la situación. Pero antes de que lo hagas, asegúrate de haber batallado por todo esto en oración, y haber hecho todo lo posible por poner la paz de Dios en esta situación".

Después añadió: "Lo vas a lamentar un día si

lo recuerdas y te preguntas si hiciste cuanto estuvo en tu mano para salvar esta relación. Es mejor saber que no te quedan recursos, y que has hecho tanto como te ha sido posible sin poner en peligro la verdad".

Yo le agradecí mucho su consejo, y lo reconocí como nacido de la sabiduría de Dios.

Recuerde las palabras de Jesús:

> Bienaventurados los pacificadores, porque ellos serán llamados hijos de Dios.
>
> – Mateo 5:9

No dijo: "Bienaventurados los que mantienen la paz". El que mantiene la paz evita los enfrentamientos a toda costa con el fin de mantener esa paz, aunque corra el riesgo de poner en peligro la verdad. Pero la paz que mantiene no es una paz verdadera. Es una paz superficial y susceptible que no va a durar.

El pacificador se acerca en amor para enfrentarse, sacando a relucir la verdad para que la reconciliación resultante perdure. No mantiene una relación superficial y artificial. Lo que quiere es franqueza, verdad y amor. Se niega a esconder sus sentimientos heridos con una sonrisa política. Hace la paz con un amor valiente que no puede fallar.

Dios actúa así con la humanidad. Él no quiere que ninguno perezca. Pero no va a poner en peligro la verdad en aras de una relación. Busca una reconciliación con un compromiso real, y no a base de unos términos superficiales. Esto desarrolla unos lazos de amor que ninguna maldad puede cortar. Él puso su vida por nosotros. Todo lo que podemos hacer nosotros es actuar de la misma forma.

Recuerde que lo realmente básico aquí es el amor de Dios, que nunca falla, nunca se desvanece y nunca se acaba. No se irrita con facilidad (1 Corintios 13:5).

El apóstol Pablo dice que el amor vence todo tipo de pecado.

> Y esto pido en oración, *que vuestro amor abunde aun más y más* en ciencia y en todo conocimiento, para que aprobéis lo mejor, a fin de que seáis sinceros e *irreprensibles* para el día de Cristo, llenos de frutos de justicia que son por medio de Jesucristo, para gloria y alabanza de Dios.
> – Filipenses 1:9-11,
> cursiva del autor

El amor de Dios es la clave para liberarnos de la trampa cebada de las ofensas. Debe ser un amor abundante; un amor que crezca continuamente y que se fortalezca en nuestro corazón.

En nuestra sociedad de hoy son muchos los que están engañados con un amor superficial; un amor que habla, pero no actúa. El amor que impide que tropecemos entrega su vida desprendidamente, hasta por el bien de un enemigo. Cuando caminamos en esta clase de amor, no nos podrá seducir Satanás y hacer que mordamos el cebo.

Adaptado del libro de John Bevere *La trampa de Satanás* (Lake Mary, FL: Casa Creación).

CAPÍTULO 5

Libere a los demás

En mi segundo viaje a Indonesia me llevé a Lisa, a mis hijos y a una joven que los cuidara. Así llegamos a Denpasar, una isla de recreo de Bali.

Un anciano de la iglesia que estábamos visitando tenía un modesto hotel en una sección muy ruidosa de la ciudad. Habíamos hecho un largo viaje, y era poco lo que habíamos dormido. Estábamos exhaustos. Aquella noche nos despertamos varias veces a causa de fuertes ruidos y de los ladridos de los perros. Sólo pasamos allí una noche, y no descansamos como necesitábamos.

Al día siguiente seguimos hasta Java, donde ministramos durante las dos semanas siguientes, con un calendario muy apretado. Sólo tuvimos un día libre en esas dos semanas, y lo usamos en viajar. En un período de veinticuatro horas ministramos cinco veces en una iglesia de treinta mil miembros.

Al final del viaje estaba programado que nos marcháramos de nuevo a través de Bali. El pastor nos informó que nos volveríamos a quedar en el hotel del anciano de la iglesia. No nos emocionó mucho vernos de nuevo en esas condiciones, después de dos fuertes semanas de ministración.

En la mañana en que salíamos de Java a Bali, durante el desayuno, una buena señora se ofreció a pagar para que nos acomodaran en uno de los mejores hoteles de turismo de Bali. Yo estaba encantado, porque podríamos descansar y quedarnos en un lugar hermoso.

Cuando salimos del restaurante para ir a hacer las maletas, Lisa me dijo que no se sentía bien en cuanto a aceptar el ofrecimiento de aquella señora. El intérprete y yo razonamos con ella y le dijimos que todo saldría bien. De nuevo, cuando íbamos en el avión de Java a Bali, me dijo que no le parecía que estuviéramos haciendo lo que debíamos.

Yo fui tan necio, que no le hice caso. Le dije que a la iglesia no le costaría nada, y que todo iría bien. Cuando llegamos a Bali, ella me lo suplicó de nuevo en el lugar donde se recoge el equipaje, pero yo no le hice caso.

Cuando nos encontramos con el pastor, le dije que no necesitaríamos quedarnos en el hotel del anciano de la iglesia, gracias a lo que nos había ofrecido aquella señora. Noté que se sentía incómodo con lo que yo le había dicho, así que le pregunté qué andaba mal.

Por fortuna, él fue sincero y me dijo: "John, eso va a ofender al anciano y a su familia. Ellos ya les han reservado el cuarto, y tienen todo el lugar lleno para la noche".

Al parecer, también había ofendido al pastor, porque no había valorado los arreglos que ellos habían hecho para nosotros. Finalmente, le dije que nos quedaríamos en el hotel del anciano de la iglesia, y no aceptaríamos lo que nos había ofrecido aquella señora.

El Señor me hizo notar mi actitud. Yo sabía que el pastor se sentía herido. Vi que al exigir mis derechos, había ofendido a aquel hermano, y que eso era pecado. Le pedí perdón. Él me perdonó. Espero no tener que aprender de nuevo esa lección.

Hemos aprendido que Jesús ofendió a muchos mientras viajaba y ministraba. Al parecer, casi dondequiera que iba, ofendía a alguien. Sin embargo, en este capítulo quiero hablar sobre el otro lado de esto: un momento en el cual Jesús se habría podido ofender fácilmente por algo que le sucedió a Él.

Jesús y sus discípulos acababan de regresar a Capernaum. Habían terminado un circuito de ministerio y habían llegado para tener un breve descanso muy necesitado. Si existía algún lugar que se pudiera considerar como base para su ministerio, era aquella ciudad.

Mientras estaban allí, se le acercó a Simón Pedro el funcionario encargado de recoger los impuestos del templo. El funcionario le preguntó: "¿Vuestro Maestro no paga las dos dracmas?" (Mateo 17:24).

Pedro le respondió que sí, y regresó para hablarle a Jesús de aquel asunto.

Jesús había esperado la petición del recaudador de impuestos, así que le preguntó a Simón Pedro: "¿Qué te parece, Simón? Los reyes de la tierra, ¿de quiénes cobran los tributos o los impuestos? ¿De sus hijos, o de los extraños?"

"De los extraños", le dijo Pedro.

"Luego los hijos están exentos", le respondió Jesús (Mateo 17:25-26).

Jesús le estaba haciendo notar a Pedro que "los hijos están exentos". Ellos no son los que pagan el dinero de los impuestos, sino los que disfrutan de sus beneficios. Viven en palacio, mantenidos por los impuestos. Comen a la mesa del rey y usan ropajes reales, y todo se lo proporcionan los impuestos. Están exentos, y se les provee gratuitamente todo.

Aquel funcionario recogía los impuestos del templo. Ahora bien, ¿quién era el rey o dueño del templo? ¿En honor de quién había sido levantado? Por supuesto, era Dios Padre.

Jesús le hizo a Pedro esta pregunta poco después de que éste recibiera de Dios la revelación de que Jesús era "el Cristo, el Hijo del Dios viviente". Básicamente, le estaba preguntando: "Si yo soy *el Hijo* de Aquél que es el dueño del templo, entonces, ¿no estoy exento de pagar ese impuesto?" Por supuesto que estaba exento. Habría estado totalmente justificado que no pagara el impuesto. Sin embargo, observe lo que le dice a Simón Pedro:

> *Sin embargo, para no ofenderles,* ve al mar, y echa el anzuelo, y el primer pez

que saques, tómalo, y al abrirle la boca, hallarás un estatero; tómalo, y dáselo por mí y por ti.

— MATEO 17:27, CURSIVA DEL AUTOR

Acababa de demostrar que era libre. Pero para no ofender, le dijo a Pedro: "Paguemos". Cuando le indicó que fuera a pescar, tomara el primer pez que atrapara y hallaría dinero en su boca, le confirmó de nuevo que estaba exento. Dios Padre hasta le proporcionaba el dinero para el impuesto.

Jesús es el Señor de la tierra. Es el Hijo de Dios. La tierra y todo lo que en ella hay fueron creados por Él, y a Él están sujetos. Por tanto, Él sabía que el dinero estaría en la boca de aquel pez. No tenía que trabajar para conseguirlo, porque era el hijo. Y sin embargo, decidió pagar el impuesto para no ofender.

¿Es éste el mismo Jesús que ofendía a la gente y no le daba disculpas? Aunque demostró que estaba exento del impuesto del templo, dijo: "Para no ofenderlos, ve y págales". Parece como si hubiera una falta de coherencia; ¿o no? Encontramos la respuesta en los versículos siguientes.

En aquel tiempo los discípulos vinieron a Jesús, diciendo: ¿Quién es

> el mayor en el reino de los cielos? Y llamando Jesús a un niño, lo puso en medio de ellos, y dijo: De cierto os digo, que si no os volvéis y os hacéis como niños, no entraréis en el reino de los cielos. Así que, cualquiera que se humille como este niño, ése es el mayor en el reino de los cielos.
> – MATEO 18:1-4

Las palabras clave aquí son "cualquiera que se humille". Poco después, Jesús ampliaría esta explicación al decir:

> Mas entre vosotros no será así, sino que el que quiera hacerse grande entre vosotros será vuestro servidor... como el Hijo del Hombre no vino para ser servido, sino para servir, y para dar su vida en rescate por muchos.
> – MATEO 20:26-28

¡Qué gran proclamación! Él no vino a ser servido, sino a servir. Era el Hijo, era libre y no le debía nada a nadie; no estaba sujeto a hombre alguno. Sin embargo, decidió usar su libertad y su exención para servir.

Liberados para servir

En el Nuevo Testamento se nos exhorta como hijos de Dios a que imitemos a nuestro hermano; a que tengamos la misma actitud que vemos en Jesús.

> Porque vosotros, hermanos, a libertad fuisteis llamados; solamente que no uséis la libertad como ocasión para la carne, sino servíos por amor los unos a los otros.
> – GÁLATAS 5:13

Otra palabra equivalente a exención es *privilegio*. No debemos usar nuestra libertad ni nuestros privilegios de hijos del Dios viviente para servirnos a nosotros mismos. Debemos usar la libertad para servir a los demás. Hay libertad cuando se sirve, pero hay ataduras en la esclavitud. Esclavo es el que *tiene* que servir, mientras que servidor es el que *vive* para servir. Veamos algunas de las diferencias entre la actitud del esclavo y la del servidor:

- El *esclavo* tiene que hacerlo; el *servidor* quiere hacerlo.
- El *esclavo* hace el mínimo exigido; el *servidor* alcanza el máximo posible.

- El *esclavo* camina una milla; el *servidor* camina otra milla más.
- El *esclavo* siente que se le está robando; el *servidor* da.
- El *esclavo* está atado; el *servidor* es libre.
- El *esclavo* pelea por sus derechos; el *servidor* cede sus derechos.

He visto servir a muchos cristianos con una actitud de resentimiento. Dan a regañadientes y se quejan cuando pagan sus impuestos. Aún viven como esclavos de una ley de la cual ya han sido liberados. Siguen siendo esclavos en su corazón. No tienen el "espíritu" en el cual Jesús dio estos mandatos. No se han dado cuenta de que fueron liberados para servir. Así que siguen peleando en busca de sus propios beneficios; no del beneficio ajeno.

Pablo presenta un vivo ejemplo de enfrentamiento a esta actitud en sus cartas a los Romanos y a los Corintios. La libertad de aquellos creyentes se veía desafiada por cuestiones acerca de las comidas. Pablo comienza exhortándolos a "recibir al débil en la fe, pero no para contender sobre opiniones. Porque uno cree que se ha de comer de todo; otro, que es débil, come legumbres" (Romanos 14:1-2).

Jesús había aclarado que no es lo que entra por la boca lo que hace inmundo, sino lo que sale de ella. Cuando hizo esta proclamación, hizo limpias todas las comidas para el creyente (Marcos 7:18-19).

Pablo dice que hay ciertos creyentes que son débiles en su fe, y no pueden comer carne aún por miedo a estar comiendo algo que ha sido sacrificado a los ídolos. Aunque Jesús ha hablado sobre este asunto, esas personas aún no pueden comer carne con la conciencia tranquila.

> Acerca, pues, de las viandas que se sacrifican a los ídolos, sabemos que un ídolo nada es en el mundo... Para nosotros, sin embargo, sólo hay un Dios, el Padre, del cual proceden todas las cosas, y nosotros somos para él; y un Señor, Jesucristo, por medio del cual son todas las cosas, y nosotros por medio de él. Pero no en todos hay este conocimiento; porque algunos, habituados hasta aquí a los ídolos, comen como sacrificado a ídolos, y su conciencia, siendo débil, se contamina.
> – 1 Corintios 8:4, 6-7

En aquellas iglesias, los cristianos con una fe más fuerte comían carnes de origen dudoso frente a los santos más débiles. Esto estaba causando un problema, a pesar de que Jesús había purificado aquellas comidas. Los más débiles no se podían quitar de la mente la imagen de aquella carne sobre el altar de un ídolo. Los santos más fuertes sabían que un ídolo no era nada, y su conciencia no los acusaba mientras comían.

Pero al parecer, estaban más preocupados por defender sus derechos como creyentes del Nuevo Testamento, que por el hecho de que estaban ofendiendo a sus hermanos. Sin darse cuenta, habían puesto una piedra de tropiezo en el camino de aquellos hermanos más débiles. Esta actitud no se halla presente en el corazón del servidor. Veamos cómo les habla Pablo:

> Así que, ya no nos juzguemos más los unos a los otros, sino más bien decidid no poner tropiezo u ocasión de caer al hermano... porque el reino de Dios no es comida ni bebida, sino justicia, paz y gozo en el Espíritu Santo.
> – ROMANOS 14:13, 17

Les estaba diciendo: "Recordemos qué es lo

realmente importante en el reino: la justicia, la paz y el gozo en el Espíritu Santo". Se estaban contrariando todos estos principios en los nuevos creyentes. Los creyentes más fuertes no estaban usando su libertad para servir, sino como plataforma para defender sus "derechos". Conocían la libertad que les daba el Nuevo Testamento. Pero el conocimiento sin amor destruye.

En esta cuestión, su corazón no era como el de Jesús. Él les demostró a Pedro y a los demás discípulos que tenía derechos en cuanto al impuesto del templo, con el fin de servir de ejemplo sobre lo importante que es poner nuestra vida para servir. Nunca quiso que la libertad fuera licencia para exigir nuestros derechos y causar que otros se sientan ofendidos y tropiecen.

Pablo les hace esta advertencia a los que conocen sus derechos en Cristo, pero no tienen su corazón de siervo.

> Y por el conocimiento tuyo, se perderá el hermano débil por quien Cristo murió. De esta manera, pues, pecando contra los hermanos e hiriendo su débil conciencia, contra Cristo pecáis.
> – 1 Corintios 8:11-12

Podemos usar nuestra libertad para pecar. ¿Cómo? Hiriendo a los que tienen una conciencia más débil; haciendo que uno de los pequeños de Cristo se sienta ofendido y tropiece.

Ceder nuestros derechos

Después de dejar aclarado que Él estaba exento del impuesto del templo, Jesús tuvo el cuidado de exhortar a sus discípulos acerca de lo importante que es la humildad.

> Y cualquiera que haga tropezar a alguno de estos pequeños que creen en mí, mejor le fuera que se le colgase al cuello una piedra de molino de asno, y que se le hundiese en lo profundo del mar. ¡Ay del mundo por los tropiezos! porque es necesario que vengan tropiezos, pero ¡ay de aquel hombre por quien viene el tropiezo!
>
> Por tanto, si tu mano o tu pie te es ocasión de caer, córtalo y échalo de ti; mejor te es entrar en la vida cojo o manco, que teniendo dos manos o dos pies ser echado en el fuego eterno. Y si tu ojo te es ocasión de caer, sácalo y échalo de ti; mejor te es entrar con

un solo ojo en la vida, que teniendo dos ojos ser echado en el infierno de fuego.

Mirad que no menospreciéis a uno de estos pequeños; porque os digo que sus ángeles en los cielos ven siempre el rostro de mi Padre que está en los cielos.

– Mateo 18:6-10

Todo este capítulo de Mateo habla de las ofensas. Jesús dice con toda claridad que nos despojemos de todo lo que cause el pecado, aunque sea uno de nuestros privilegios del Nuevo Testamento. Si causa que nuestro hermano más débil peque, nos lo debemos cortar delante de él.

Entonces es posible que usted se pregunte por qué Jesús ofendía a tanta gente. La respuesta es sencilla. Jesús ofendía a algunas personas como consecuencia de su obediencia al Padre y de su servicio a otras. La ofensa no se producía porque Él estuviera reclamando sus propios derechos.

A los fariseos les ofendía que Él sanara en el día de reposo. Sus discípulos se ofendían por las verdades que su Padre le indicaba que predicara. María y Marta se ofendieron cuando Él tardó en ir a sanar a Lázaro. Pero nunca hallaremos a Jesús ofendiendo a otras personas para servirse a sí mismo.

Pablo hace esta advertencia en su primera carta a los Corintios:

> Pero mirad que esta libertad vuestra no venga a ser tropezadero para los débiles.
>
> – 1 CORINTIOS 8:9

Nuestra libertad nos ha sido otorgada para que sirvamos y pongamos nuestra vida. Debemos edificar, no destruir. Tampoco se nos dio esa libertad para que acumulemos cosas. Porque la hemos usado de esta manera, hay muchos hoy a quienes ofende el estilo de vida de los cristianos. Recuerde la advertencia que se nos hace en 1 Corintios 8:9: "Pero mirad que esta libertad vuestra no venga a ser tropezadero para los débiles". No permita que su libertad sea una trampa para otros; más bien, póngalos en libertad a ellos.

Adaptado del libro de John Bevere *La trampa de Satanás* (Lake Mary, FL: Casa Creación).

CONCLUSIÓN

La prueba de la edificación

El apóstol Pablo, al escribirles a los Romanos, resume todo lo que hay en el corazón de Dios con respecto a este tema: "Así que, sigamos lo que contribuye a la paz y a la mutua edificación." (Romanos 14:19).

Debemos hacernos el propósito de no hacer que nadie tropiece a causa de nuestra libertad personal. Lo que nos hacemos, tal vez sea permitido por las Escrituras. Pero pregúntese: ¿Busco la edificación de los demás, o la mía propia?

> Todo me es lícito, pero no todo conviene; todo me es lícito, pero no todo edifica. Ninguno busque su propio bien, sino el del otro...
>
> Si, pues, coméis o bebéis, o hacéis otra cosa, hacedlo todo para la gloria de Dios. No seáis tropiezo ni a judíos, ni a gentiles, ni a la iglesia de Dios; como también yo en todas las cosas agrado a todos, *no procurando mi propio beneficio,* sino el de muchos, para que sean salvos.
>
> – 1 CORINTIOS 10:23-24, 31-33,
> CURSIVA DEL AUTOR

Lo exhorto a permitirle al Espíritu Santo que

canalice todos los aspectos de su vida a través de este pasaje de las Escrituras. Permítale que le muestre cuantas motivaciones o agendas escondidas tenga que sean para su propio beneficio, y no para el de los demás. Cualquiera que sea el aspecto de la vida al que se refiera, acepte este desafío de vivir como servidor de todos.

Use su libertad en Cristo para hacer libres a los demás, y no para reafirmar sus propios derechos. Ése era uno de los lineamientos básicos en el ministerio de Pablo, quien escribió: "No damos a nadie ninguna ocasión de tropiezo, para que nuestro ministerio no sea vituperado" (2 Corintios 6:30.

Adaptado del libro de John Bevere *La trampa de Satanás* (Lake Mary, FL: Casa Creación).

Notas

Capítulo 2: Lecciones de un siervo que no quiso perdonar

1. Nota marginal, New King James Version (Nashville, TN: Thomas Nelson, 1988).
2. Logos Bible Study Software, versión 1.6 (Oak Harbor, WA: Logos Research Systems, Inc., 1993).

Capítulo 3: La trampa de la venganza

1. Francis Frangipane, *Three Battlegrounds* (Cedar Rapids, IA: Advancing Church Publications, 1989), p. 50.

Capítulo 4: En busca de la reconciliación

1. W. E. Vine, Merrill Unger y William White, Jr., An Expository Dictionary of Biblical Words (Nashville, TN: Thomas Nelson, 1984), s. v. "raca".
2. Ibíd.

La Serie Fortaleza por John Bevere se compone de cinco libros en total.

Otros libros escritos por John Bevere son:

El temor de Dios
¿Así dice el Señor?
Quebrando la intimidación
La trampa de Satanás

Su esposa, Lisa, es la autora de:
¡Fuera de control y disfrutándolo!

Estos y muchos otros libros están disponibles en su librería cristiana más cercana o los puede adquirir visitando www.casacreacion.com

(407) 333-7117
casacreacion@strang.com